CIRCULAIRE

DE LA

DIRECTION GÉNÉRALE DES DOUANES

DU

17 OCTOBRE 1895

(TITRE II. LOI DU 30 JANVIER 1893)

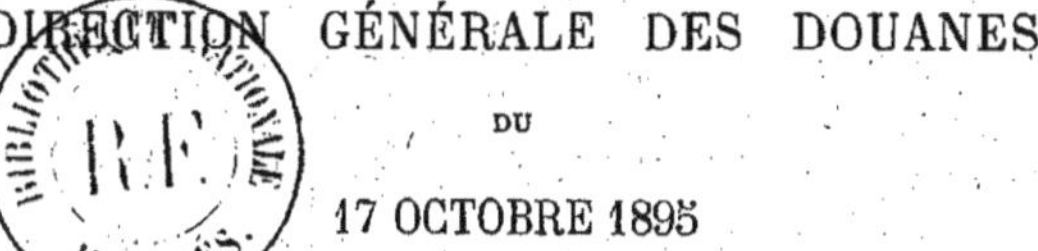

MOTIFS

qui doivent faire rapporter cette Circulaire

PARIS

IMPRIMERIES CERF

12, RUE SAINTE-ANNE

—

1900

CIRCULAIRE

DE LA

DIRECTION GÉNÉRALE DES DOUANES

DU

17 OCTOBRE 1895

(TITRE II, LOI DU 30 JANVIER 1893)

MOTIFS

qui doivent faire rapporter cette Circulaire

PARIS

IMPRIMERIES CERF

12, RUE SAINTE-ANNE

1900

CIRCULAIRE

DE LA

DIRECTION GÉNÉRALE DES DOUANES
DU 17 OCTOBRE 1895

TITRE II DE LA LOI DU 30 JANVIER 1893

Motifs qui doivent faire rapporter cette circulaire

Depuis la Révolution française sauf, peut-être, de 1866 à 1881, les pouvoirs publics n'ont cessé de protéger, en France, la marine marchande et l'industrie des constructions navales.

Ces mesures de protection sont rendues nécessaires par la concurrence à outrance de l'étranger d'abord, puis par des raisons spéciales comme la configuration géographique de la France, l'inscription maritime, la transformation de l'industrie, la situation économique et commerciale, etc., etc.

Ce fut dernièrement la loi du 29 janvier 1881 qui adopta des bases toutes nouvelles pour encourager les industries maritimes, puis la loi du 30 janvier 1893, qui en fut la modification. Modification incomplète comme l'a démontré la pratique et comme l'ont reconnu, en principe, nos législateurs : un projet de loi vient, en effet, d'être déposé à la Chambre des Députés, le 14 novembre 1899. Mais ce projet de loi ne vise que la navigation, sans toucher à la construction. C'est donc la loi de 1893, qui seule régit la matière et continuera à la régir tant qu'elle ne sera pas modifiée.

Malheureusement, il est un fait indéniable : c'est que les lois sont faites par les uns, et appliquées par les autres. La conséquence, c'est que ces derniers peuvent, ou les interpréter à faux, ou les éluder, ou les annuler par des contrats à côté.

C'est ce qui est arrivé à propos de la loi de 1893. L'Administration des Douanes a décidé par une circulaire du 17 octobre 1895, de ne plus payer la prime aux bâtiments construits pour le compte de l'État ou des grandes administrations françaises. L'effet n'a pas tardé à se produire : il a été tout simplement celui-ci : que nos constructeurs, privés d'une recette sur laquelle ils avaient légalement le droit de compter, n'ont pas pu lutter pour le prix contre leurs concurrents, et que les commandes de l'État, — de l'État protectionniste, — s'en sont allées aux chantiers étrangers. Chose remarquable, il n'y avait cependant entre les prix des uns et les prix des autres que la différence de cette même prime que contre toute équité, on refuse aux soumissionnaires français.

Le fait s'est présenté au moins quatre fois : à Rouen, à la Réunion, à la Guyane, et dernièrement, à Bayonne. Il a dû se renouveler d'autres fois, car nous ne citons que les cas venus à notre connaissance sans que nous ayons pu rechercher, faute de moyens, le nom des adjudicataires de chaque soumission.

Nous précisons en citant les dates de chacune de ces adjudications par le tableau ci-dessous.

	DESTINATIONS	NATURE	DATE des ADJUDICATIONS	ADJUDICATAIRES
1	Port de Rouen. — Amélioration de la Basse-Seine.	Drague marine à succion.	11 août 1897.	Werf-Conrad, constructeurs hollandais.
2	Ile de la Réunion. — Ministère des Colonies.	Drague marine à godets.	4 août 1899.	Étranger dont on n'a pu se procurer le nom
3	Guyane française. — Ministère des Colonies.	Drague marine à godets.	4 août 1899.	id.
4	Bayonne. — Dragage de l'embouchure de l'Adour.	Drague marine à succion.	1er Semestre 1900.	Werf-Conrad.

En outre, plusieurs dragues à succion pour le port de Dunkerque ont encore été commandées aux Hollandais : la dernière, en date au programme du 20 août 1895, ne leur a échappé que par suite d'une opposition très violente faite par tout le nord de la France, tant dans l'opinion que dans la presse. En effet, la commande déjà attribuée par la Commission locale de Dunkerque et l'Administration des Ponts et Chaussées à ces constructeurs hollandais est restée en suspens pendant près de huit mois sur le bureau du Ministre, lequel à la fin a donné plus que satisfaction aux constructeurs français en attribuant la commande à une maison française, et en excluant les étrangers du nouveau concours.

De ce fait, il résulte que ce sont déjà plusieurs millions qui, sans espoir de retour, sont passés à l'étranger.

Nous demandons la suppression de cette circulaire du 17 octobre 1895, et nous demandons cette suppression parce que la circulaire est illégale, injuste, illogique, et qu'elle porte le plus grand préjudice à notre industrie.

Avant de le démontrer, nous tenons toutefois à dire que nous ne demandons pas que les constructeurs étrangers soient exclus des concours ou des adjudications ouvertes pour la fourniture des bâtiments nécessaires à l'État ou aux grandes administrations. Nous demandons qu'on applique purement et simplement la loi de 1893, sans restriction et sans y substituer un contrat particulier à côté qui l'élude et l'annule.

Par suite des droits d'entrée qui les grèvent, les matières sont beaucoup plus chères en France qu'à l'étranger ; la prime a précisément pour but la restitution de ces droits d'entrée : qu'on la donne dans tous les cas, et presque toujours, les commandes resteront à la construction française. Nos chantiers font aussi bien, sinon mieux, que les chantiers anglais ou hollandais, d'autant mieux que ces constructeurs anglais ou hollandais ne travaillent parfois par ordre des administrations françaises, que sur les plans de maisons françaises, telle la drague construite pour Bayonne, en 1900, par une maison hollandaise qui a dû la construire, par ordre, sur les plans ayant servi à l'exécution d'une commande faite antérieurement et pour le même service à une maison française. Les constructeurs français ne sont jamais écrasés que par les différences de prix ; à prix égal, ou même à un prix légèrement plus élevé, on leur donne la préférence. C'est un fait certain ; les nombreuses commandes qu'ils reçoivent de l'étranger où précisément la prime leur permet de faire relativement bon marché, en sont la meilleure preuve.

Nous pouvons donner la preuve de l'importance de la prime par une constatation qui a été faite lors d'une adjudication donnée à l'étranger pour des travaux de Rouen, comme nous le disions plus haut.

Nous citons textuellement un mémoire justificatif démontrant que si la maison française avait été autorisée à déduire la prime à la construction de son prix de vente (comme elle devait en avoir le droit sans la réglementation mise en vigueur par la circulaire n° 2.601 du 17 octobre 1895) ce prix de vente aurait été le même que celui consenti par les chantiers hollandais.

PRIX DES ÉTABLISSEMENTS HOLLANDAIS	PRIX DES ÉTABLISSEMENTS FRANÇAIS		
406.000 fr.			523.000 fr.
	Déduction de la plus-value du projet français sur le projet hollandais (estimation de la commission dans son rapport du 27 avril 1897), ci.	50.000 fr.	
	Déduction du montant de la prime à la construction, ci.	50.000	
	Déduction des rabais consentis par les constructeurs français par une lettre en date du 19 mai 1897.	18.000	
	Déduction totale. .	118.000 fr.	118.000
PRIX TOTAL. 406.000 fr.	PRIX TOTAL.		406.000 fr.

I

La loi de 1881, supprimant le régime des acquits à caution, en vigueur auparavant, a institué un système d'allocations à payer aux constructeurs, et basées sur la jauge brute des navires et sur le poids des machines motrices et appareils moteurs placés à bord. Ce principe a été maintenu par la loi du 30 janvier 1893 qui règle aujourd'hui exclusivement la matière et qui n'est, d'ailleurs, que la loi de 1881 avec les modifications que douze années d'expérience avaient fait croire meilleures ou plus utiles.

Certaines circulaires ministérielles, publiées sous prétexte d'interpréter ou d'expliquer les cas douteux de la loi de 1881, avaient déjà fait l'objet de nombreuses plaintes de la part des constructeurs. Ceux-ci reprochaient à ces circulaires d'être trop restrictives, d'annuler complètement le caractère protecteur de cette loi et de les placer dans une situation bien plus mauvaise que celle dans laquelle ils se trouvaient du temps des acquits à caution.

Lorsqu'à l'expiration du temps pour lequel la loi avait été promulguée, il fallut se préoccuper de celle qui devait la remplacer, il y eut unanimité de la part de toutes les personnes compétentes pour demander énergiquement que la loi nouvelle soit rédigée, comme doit l'être toute loi bien étudiée, dans un texte clair et précis, ne prêtant à aucune équivoque et qui ne soit pas susceptible d'interprétations diverses.

On pensait donc que la loi nouvelle de 1893 serait acceptée sans discussion par tous les intéressés et qu'elle serait appliquée dans le sens le plus large possible.

Erreur ! Le 17 octobre 1895, deux ans à peine après la mise en vigueur de la loi nouvelle, la Direction générale des Douanes, par une circulaire destinée à être portée à la connaissance des intéressés et du commerce, déclara que, la question s'étant posée de savoir si les primes prévues par la loi du 30 janvier 1893 pourraient être accordées aux bâtiments construits par l'industrie privée pour le compte de l'État ou des grandes administrations publiques, elle venait de la résoudre négativement.

La circulaire ajoutait qu'en conséquence des mesures allaient être prises pour que la dite prime ne pût être accordée à aucun de ces navires. Les administrations traitantes furent invitées à insérer dans chaque marché à venir, pour fourniture de ces bâtiments, une clause visant formellement l'exclusion du droit à la prime pour les constructeurs.

En fait, non seulement on ne voulut plus accorder aucune prime à ces navires, mais encore l'administration émit la prétention de faire restituer celles qu'avaient pu percevoir certains constructeurs, pour des bâtiments construits avant la publication de cette circulaire.

On violait tranquillement et sans autre forme de procès, le principe supérieur de la non rétroactivité de la loi.

II

L'illégalité de cette circulaire est flagrante. Elle est en contradiction absolue avec le texte tel qu'il a été voté par le législateur. Ce texte est général, il ne fait aucune distinction, aucune exception.

Il n'y a qu'à le lire, le voici :

TITRE 2. — CONSTRUCTION MARITIME

ARTICLE 2. — *En compensation des charges que le tarif des douanes impose aux constructeurs de bâtiments de mer, il leur* est attribué les allocations suivantes : — pour les navires à vapeur ou à voiles, en fer ou en acier : soixante-cinq francs (65 fr.) ; pour les navires en bois de 150 tonneaux ou plus : quarante francs (40 fr.) ; pour les navires en bois de moins de 150 tonneaux : trente francs (30 fr.) par tonneau de jauge brute totale calculée conformément aux articles 1 à 12 du décret du 24 mai 1873 et à l'article 1er du décret du 7 mars 1889.

Sont considérés comme navires en bois les navires bordés exclusivement en bois.

Toute transformation d'un navire, ayant pour résultat d'en accroître la jauge, donne droit à une prime calculée conformément au tarif ci-dessus d'après le nombre des tonneaux d'augmentation de la jauge.

ARTICLE 3. — En compensation des mêmes charges, il est attribué aux constructeurs de machines les allocations suivantes : pour la machine motrice et les appareils auxiliaires, tels que pompes à vapeur, servo-moteurs, dynamos, treuils, ventilateurs mus mécaniquement, placés à l'état neuf à bord des navires tant à voiles qu'à vapeur, ainsi que pour les chaudières à vapeur neuves qui les alimentent et à leur tuyautage, quinze francs (15 fr.) par 100 kgr.

La prime est accordée pour les machines motrices et appareils auxiliaires mis en place à l'état neuf ainsi que pour les parties neuves des machines qui subiraient des transformations ou des réparations pendant l'existence des navires.

Lors du changement de chaudières, la compensation est fixée à quinze francs (15 fr.) par 100 kilogrammes de chaudières neuves de construction française.

ARTICLE 4. — Les primes déterminées par les articles 2 et 3 ne sont définitivement acquises que lorsqu'il est justifié de la francisation du navire.

En ce qui concerne les navires construits en France pour les marines marchandes de l'étranger, les primes ne sont acquises que lorsque le navire aura pris ses expéditions.

Un règlement d'administration publique déterminera les vérifications auxquelles il devra être procédé par une commission technique pour s'assurer que le navire pour lequel la prime est réclamée est susceptible de faire un service régulier à la mer par ses propres moyens.

Ces articles sont bien clairs ; leur sens, bien déterminé, peut se résumer par les deux propositions suivantes :

Tout navire marchand sera primé.

Tout navire de guerre ne le sera pas.

Mais nulle part ils ne disent: la prime sera subordonnée à la personne qui fait la commande.

Que l'Administration générale des Douanes nous montre la phrase ou même le mot qui permette ainsi d'évincer de la prime une construction à cause de la qualité de celui à qui elle est destinée ; en l'espèce, sous prétexte que le navire est pour le compte de l'État ou d'une des grandes administrations qui en dépendent.

Elle sait bien que c'est impossible et elle a évité la difficulté en ne donnant aucun motif pour justifier sa décision. Elle se contente de dire : « La question s'étant posée », je la résous négativement, voilà tout, et n'étant pas sûre encore de mon interprétation, je préfère y substituer un contrat particulier en dehors de la loi.

L'Administration des Douanes sait bien qu'en matière d'interprétation législative il y a des règles dont pas plus que les autres elle n'a le droit de s'écarter et qu'à ne pas les suivre on tombe dans l'illégalité.

Tout d'abord la loi de 1893 n'avait pas à être interprétée. Ainsi que nous venons de le démontrer, le texte de cette loi est clair et précis et on doit s'en tenir avant tout à ses termes. « Quand une loi est claire, disait l'article 5 du titre préliminaire du code civil, il ne faut point en éluder la lettre sous prétexte d'en pénétrer l'esprit. »

D'autre part, nous nous trouvons ici en présence d'une loi spéciale et l'Administration n'ignore pas que ces sortes de lois doivent toujours s'entendre *stricto-sensu*, sans y rien ajouter ni en rien retrancher.

Les textes étant muets, avant d'établir une règle qui restreint le champ d'action de la loi, on aurait dû rechercher si, dans les travaux préparatoires, si dans les discussions parlementaires, il se trouvait une indication quelconque permettant de croire que le législateur ait voulu écarter du bénéfice de la prime une certaine catégorie de bâtiments ; se bien rendre compte aussi du but qu'il cherchait à atteindre en votant cette loi.

Rien, ni dans les travaux préparatoires, ni dans les discussions législatives, ne permet de soutenir qu'on ait eu l'idée d'exclure de la prime les bâtiments de mer qui, en dehors des navires de guerre, seraient construits pour l'État ou les grandes administrations en dépendant. Pour s'en convaincre, il n'y a qu'à lire attentivement : 1° L'exposé des motifs de la loi présentée au nom du regretté Président Carnot, par MM. Jules Roche, Barbey, Rouvier et Yves Guyot ; 2° le rapport fait sur cette loi par M. Siegfried ; 3° le compte rendu *in extenso* des débats qui ont eu lieu à ce sujet

*

devant les Chambres. L'Administration a eu d'autant plus tort de n'avoir pas, à ce moment-là, fait éclaircir ce point, d'après elle douteux, que ses intérêts étaient défendus devant le Parlement, non seulement par les Ministres, mais encore par un Commissaire du gouvernement spécialement désigné à cet effet.

Mais il y a mieux : En la lisant attentivement, on trouve dans la loi du 30 janvier 1893, elle-même, la preuve palpable que son silence équivalait bien à dire que tous les bâtiments de mer, sans exception, bénéficieraient de la prime. Et ce, sans contestation possible.

Reportons-nous à l'article 5 placé au titre 3 « de la navigation maritime » nous y verrons : Qu'après avoir fixé les conditions dans lesquelles serait accordée la prime à la navigation, cet article ajoute textuellement : « *Seront exceptés* de la prime les navires affectés au cabotage français, à la grande et à la petite pêche, aux lignes subventionnées par l'État et à la navigation de plaisance. »

C'est bien précis : quand il a voulu faire des exceptions, le législateur a su le dire expressément. S'il avait entendu faire celle dont se targue l'Administration vis-à-vis des constructeurs, il aurait apporté à le dire catégoriquement quelques articles plus haut le même soin qu'il a mis à le faire quelques articles plus bas. Il ne l'a pas dit, précisément parce que s'il a voulu créer des exceptions pour le paiement de la prime à la navigation, il n'a pas voulu en faire pour celui de la prime à la construction.

Osera-t-on prétendre encore que, par son titre même et par l'ensemble de ses dispositions, la loi de 1893 est relative à la marine marchande, et s'applique exclusivement aux bâtiments qui en font partie ; que les navires de l'État ou des grandes administrations, quelle que soit leur destination, forment une classe à part et ne peuvent, en aucun cas, être compris dans la classification de la marine marchande, que, comme conséquence, ils n'ont jamais droit à la prime.

L'argument est spécieux et n'est justifié ni en droit ni en fait.

En droit. On sait, en effet, que les rubriques des lois ne sont pas votées et que c'est un principe absolu qu'elles ne peuvent être mises en opposition avec le texte.

Ce titre est d'ailleurs erroné. Sa présence en tête de la loi s'explique par des raisons historiques. Il n'est que la répétition inexacte de celui donné à la loi du 19 mai 1866. Dans cette loi, il se comprenait : elle avait pour but direct, non le développement de l'industrie de la construction, mais le développement de la navigation, et voilà pourquoi l'article 1er de cette loi disposait expressément et limitativement que la francisation était accordée pour les bâtiments de mer destinés au commerce, texte qui excluait les bâtiments de plaisance et les navires destinés au commerce étranger. Ce titre fut maintenu par inadvertance dans la loi du 29 janvier 1881 qui remplaçait la précédente et la modifiait en faveur de l'industrie nationale. (D. R. S., 80, org. mar. 160.) Cette loi ne s'est plus bornée à limiter sa protection aux bâtiments destinés au commerce, mais l'a accordée pour tous les bâtiments français (art. 4-6). Enfin, lorsque la loi de 1893 est venu étendre les dispositions de la loi de 1881 et accorder une prime même pour les constructions destinées à l'étranger, l'habitude a fait maintenir l'ancien titre.

En fait : On joue sur les mots quand on dit que les navires de l'État ne peuvent jamais être compris dans la classification des bâtiments de la marine marchande.

Il y a au contraire une distinction à faire.

L'État, représentant la masse des citoyens, a à assurer le fonctionnement régulier de la vie sociale et à ce titre, il a des fonctions différentes. Quand il veille à la sécurité tant du sol national que des côtes ou des colonies, il remplit son rôle militaire et est représenté par les administrations de la guerre ou de la marine.

On donne le nom générique de marine de guerre ou de marine nationale aux navires qui sont construits pour permettre à l'État de maintenir l'intégrité de la nation de quelque façon qu'ils concourent à ce but. Ce sont ceux-là que la loi du 30 janvier 1893 a exclus du bénéfice de la prime.

Quand l'État, pour augmenter le commerce, activer l'industrie nationale, faciliter les relations des citoyens entre eux ou avec les autres nations, se fait porteur de lettres ou de dépêches, ouvre des routes, fait construire des chemins de fer, creuse des ports, il remplit un rôle industriel, devient un industriel ordinaire et doit être traité comme tel. Les navires qui lui sont nécessaires pour le service de ses ports de commerce, quelque nom qu'ils portent et quelle que soit leur utilité : dragues, remorqueurs, chalands, dragues porteuses, forment la marine marchande de l'État par opposition à la marine de guerre et comme tels ils rentrent dans les termes de la loi dont on demande l'application pure et simple.

Dans ces fonctions, à l'opposé de celles qui ont pour objet la guerre et qui sont son apanage exclusif, l'État peut très bien déléguer partie de son autorité et de ses attributions à des compagnies ou à des particuliers. Il le fait quand il concède des lignes de chemins de fer, il le fait encore quand il traite avec les différentes Compagnies de navigation pour assurer le service des lignes postales. Oserait-on sincèrement soutenir que les bateaux dont ont besoin ces Compagnies ou ces particuliers n'ont pas droit à la prime ? Pourquoi ferait-on pareille faveur à l'État commerçant ?

Lorsque l'État traite par voie d'adjudication pour le recurage de ses canaux ou de ses ports on sait qu'il autorise les adjudicataires à se servir de ses dragues avec ou sans rétribution. N'est-ce pas là un argument précieux en notre faveur ? La preuve la plus tangible de ce que nous disions plus haut ? Si l'entrepreneur n'avait pas la drague de l'État, qu'il lui fallut en faire construire une, dirait-on qu'elle n'aurait pas droit à la prime, si elle rentrait dans la catégorie des bâtiments de mer ? Pourquoi exclurait-on de cette prime le bateau de l'État qui fait exactement ce que ferait le bateau de l'entrepreneur ?

L'Administration des Douanes elle-même n'avait, au début, aucun doute sur la portée de la loi, elle admettait parfaitement que seuls les bâtiments de guerre proprement dits devaient faire exception à la loi ; ses premières circulaires sont toutes dans ce sens, l'exception de la circulaire du 17 octobre 1895 n'a été inventée qu'après coup.

Le 6 septembre 1893, neuf mois après la promulgation de la loi, c'est-à-dire après qu'elle avait eu tout le temps nécessaire pour l'étudier et la faire étudier par ses jurisconsultes, sous le n° 2.343 dans les annales du commerce extérieur, la même Direction générale des Douanes publiait une circulaire dans laquelle elle expliquait à ses agents la façon dont on devait entendre la loi et l'interpréter.

Après avoir examiné bien d'autres cas, à la page 363, elle en arrivait à traiter la question des exclusions à la prime. Si réellement elle avait cru que les constructions destinées à l'État ou aux grandes administrations devaient faire partie de cette catégorie, elle se serait empressée de le dire. Son devoir le plus strict était de s'expliquer franchement, afin de ne pas laisser les constructeurs se leurrer inutilement. Elle n'en souffle pas mot.

Voici comment elle s'explique : Exclusions « *Conformément à ce qui était réglé par la loi de 1881, on considérera comme exclus de la prime à la construction, les bateaux de rivière et généralement tous les bâtiments qui ne tiennent pas la mer comme moyens de transport, tels que les bateaux grues, les bateaux dragueurs qui ne peuvent pas transporter en mer les matières draguées, les docks flottants, les allèges et les canots employés dans les ports !* » Ce silence est significatif.

Mieux que cela, de suite après, cette même circulaire énumère les navires admis au bénéfice de la prime et nous voyons figurer tous les bâtiments que l'État et les administrations ont le plus ordinairement l'habitude de commander à l'industrie privée. Si l'on eût cru que, par exception, la

prime ne s'appliquait pas à eux, il eût été bien facile de terminer l'énuméra-
tion en disant : Tous ces bateaux n'auront pas droit à la prime, quand ce
seront l'État ou les grandes administrations qui les auront commandés.
Mais toujours le même silence.

Voyez : « *Navires admis au bénéfice de la prime. Mais la prime sera*
» *due pour les remorqueurs faisant un service de remorquage en mer,*
» *les bateaux sauveteurs, les bâtiments employés à une navigation exclu-*
» *sivement maritime, les dragues marines munies d'appareils moteurs et*
» *aménagés pour transporter en mer les matières draguées, les yachts*
» *naviguant sur mer et les bateaux servant à la pêche maritime.* »

Le 20 mars 1895, quelques semaines encore avant que ne paraisse
cette circulaire restrictive, M. GODRON, Directeur des constructions navales, chargé de la centralisation des services de la surveillance des travaux confiés à l'Industrie, écrivait à M. l'Ingénieur Alheilig, Ingénieur en
chef de la Marine, chef du bassin du Rhône : « *La Direction générale des*
Douanes consultée sur la question de savoir si les bâtiments destinés à des
services de l'État, tels que Ponts et Chaussées, Colonies, etc... auront
droit à la prime », m'a répondu : « *Les coques des navires et les pièces*
des machines, construites pour le compte des administrations de l'État,
ont droit à la prime, à la condition que les constructeurs fassent franci-
ser les navires dont ils restent armateurs jusqu'au moment où les essais
réglementaires sont terminés et déclarés satisfaisants. »

Et M. GODRON ajoutait : « *Afin de préciser l'interprétation à donner*
à cette réponse, j'ai posé la question suivante à M. le Directeur général
des Douanes : Si un service public commande à un constructeur un navire
ou un appareil neuf sur lequel il lui paie des à-comptes, ce navire et
cet appareil doivent, semble-t-il, être considérés, au moment de leur
achèvement, comme appartenant à l'État. Dans ces conditions, les cons-
tructeurs peuvent-ils rester armateurs jusqu'au moment où les essais
réglementaires sont terminés ? Et voici la réponse : L'allocation de la
prime devant rentrer en ligne de compte dans la fixation du prix de
vente, les contrats stipulent généralement que le constructeur pourra
faire franciser son navire avant de le livrer au service public auquel il
est destiné. Tant que le navire n'a pas été reçu par l'État, le construc-
teur peut, à moins de stipulation contraire du marché, rester armateur
puisque la loi permet à l'État de prendre hypothèque sur le navire pour
se couvrir de ses avances et qu'on ne peut prendre hypothèque que sur
une chose dont on n'est pas propriétaire. »

Il y a enfin une preuve que l'on trouve dans la circulaire même du

17 octobre, excluant de la prime les navires construits par l'État ou les grandes administrations. Dans cette circulaire, en effet, on ajoute qu'à l'*avenir*, dans tous les marchés faits au nom de l'État, on devra stipuler que la prime ne sera pas due.

Pourquoi la nécessité de cette clause?

Si l'exception dont on parle est prévue par la loi, l'administration traitante n'a pas besoin de la stipuler à son tour, la loi suffit.

Et si l'on tient tant que cela à ce qu'il soit bien spécifié que la prime ne sera pas payée, c'est que l'on n'est pas sûr d'avoir raison de la refuser, — *que l'on sait même que l'on a tort,* — et que pour le faire on veut s'appuyer sur le consentement écrit du constructeur. Ce n'est plus la loi que l'on applique, c'est une charge que l'on impose par un contrat particulier en dehors de la loi.

III

Certainement, la Direction générale des Douanes n'aurait pas songé à prendre sa décision, ni à écrire sa circulaire, si elle avait examiné la cause et le but de la loi de 1893. Cette loi est une loi essentiellement protectrice : elle a voulu empêcher une injustice et augmenter le développement de notre construction navale. (D. P., 1893, IV, n° 1.)

D'abord empêcher une injustice :

Les droits de douanes qui frappent les matières premières à leur entrée en France mettent nos constructeurs, pour le prix de revient, dans une infériorité par trop marquée vis-à-vis des constructeurs étrangers. Le législateur l'a reconnu et, pour leur permettre de diminuer ce prix de revient, il a décidé de leur rendre, sous forme de prime, ces droits qui avaient ainsi frappé tout d'abord la matière première employée par eux. En réalité, l'État ne fait que restituer d'une main ce qu'il a touché de l'autre et, en fin de compte, ne débourse rien par lui-même. « *En compensation des charges que le tarif des douanes impose aux constructeurs de bâtiments de mer, dit l'article 2 de la loi, il leur est alloué les primes suivantes, etc. : »*

« *En dehors de l'intérêt qui s'attache à la conservation en France des chantiers de construction navale, au point de vue du développement d'une des industries nationales comme au point de vue du concours qu'elle peut accorder à la construction et à la réparation de nos bâtiments de guerre, la simple équité commandait, disent les rédacteurs de la loi, de donner à nos constructeurs une compensation pour les droits de douane grevant les matériaux qu'ils emploient et de leur permettre ainsi de lutter contre l'importation des navires étrangers.* »

Les droits de douanes qui frappent les matières premières, et que la prime a pour but de restituer, frappent aussi bien les matières premières destinées aux navires de l'État et des grandes administrations que les autres. Il serait très difficile de les distinguer à leur entrée en France, il est donc juste que ces droits soient restitués dans ce cas encore puisqu'ils ont été perçus.

Ensuite augmenter le développement de notre construction navale. — C'est pour cela qu'une partie de l'ancienne prime à la navigation a été transformée en prime à la construction. « *Au moment, disait le rapporteur M. Siegfried, où le Parlement, poussé en cela par la majorité du pays, vient d'entrer dans un système, non seulement de compensation stricte, mais encore de large protection pour l'industrie nationale, ne convient-il pas de traiter cette grande industrie nationale dans les mêmes conditions que toutes les autres branches de l'activité industrielle et de lui accorder les avantages qui lui sont nécessaires pour vivre et pour prospérer ? Votre Commission l'a pensé, et, pénétrée de ce fait que la construction maritime ne donne pas seulement un élément considérable de travail direct en occupant un grand nombre d'ouvriers, mais encore qu'elle est un des meilleurs clients des forges et des établissements métallurgiques et qu'elle assure de ce fait une grosse somme de travail aux ouvriers des métaux ainsi qu'aux mineurs, elle pense qu'il convient de faire un effort sérieux qui permettra sans aucun doute à cette industrie si nécessaire à la grandeur nationale d'entrer dans une voie de prospérité.* » (*D. P., 1893, IV-62, n° 1.*)

Ainsi le législateur vient de dire, je tiens à protéger les chantiers nationaux dont nous avons besoin pour notre sécurité et, de suite, l'Administration des Douanes s'empresse de refuser la prime qui vient d'être votée donnant un exemple d'autant plus pernicieux qu'il vient de plus haut.

Et la conséquence est plus grave qu'elle ne paraît tout d'abord : non seulement c'est priver l'industrie française d'une subvention à laquelle elle a légalement droit, mais encore c'est constituer une véritable prime à l'industrie étrangère et risquer de discréditer nos constructeurs.

Nos constructeurs, c'est reconnu, ne peuvent lutter avantageusement au point de vue des prix, contre leurs concurrents étrangers, que si on leur rembourse d'une façon ou d'une autre les droits d'entrée qui ont été payés pour les matières premières employées par eux. Il est facile de démontrer par des exemples que lorsque les constructeurs étrangers ont obtenu des commandes pour l'État français, il n'y avait entre leurs prix et ceux des constructeurs français exactement que la différence du montant de la prime. En refusant aux constructions françaises cette prime à laquelle elles ont droit et en permettant aux étrangers de prendre part au concours, c'est primer les constructions étrangères.

MM. Ph. de Cabrol et A. Jouet-Pastré l'avaient parfaitement compris, quand, dans leur rapport du 15 janvier, fait au nom des constructeurs français au moment où allait s'ouvrir la discussion pour la loi de 1881, ils écrivaient : « *Ce qui est véritablement monstrueux, c'est qu'une industrie française qui tient une place importante dans le pays, qui concourt, dans une mesure justement appréciée, à la défense nationale, au patriotisme de laquelle on fait souvent appel, soit concurrenciée légalement au moyen d'une prime allouée sous une forme quelconque aux constructeurs étrangers.* »

On ne peut dire enfin, qu'il n'y a aucun intérêt à appliquer la prime aux constructions de l'État, car il importe peu que celui-ci en paie le montant sous forme d'excédent de prix ou de prime. Non, et cela alors même qu'aucun préjudice ne serait causé au constructeur.

On sait, en effet, que chaque ministère règle toujours ses dépenses d'après son propre budget. Par suite, on peut craindre qu'un ministère, dont les ressources sont devenues limitées, hésite à faire aux chantiers nationaux une commande qui, au point de vue particulier de ce ministère, lui sera plus onéreuse que s'il la faisait à l'étranger où les droits de douanes sont singulièrement moins élevés qu'en France.

Au cours de l'année 1897, il est arrivé que par suite de la nouvelle circulaire refusant aux chantiers français la prime à la construction, ce sont des chantiers hollandais qui ont été déclarés adjudicataires à Rouen du matériel de dragage destiné à l'approfondissement de la Seine maritime, ainsi que dans d'autres cas que nous avons cités plus haut, page 6.

La différence entre la soumission des constructeurs français et celle des constructeurs hollandais était inférieure au montant de la prime à la construction, aux droits de douanes que les constructeurs français auraient eu à payer et que les étrangers n'avaient pas à supporter.

Pense-t-on sérieusement que ce puisse être à l'étranger une bonne note pour notre industrie que de voir un gouvernement qui proclame bien haut son désir de protéger nos nationaux, qui insère à leur profit des primes dans ses lois, commander ensuite lui-même à des constructeurs étrangers les bâtiments dont il a personnellement besoin ?

Cés commandes, quand elles ont eu lieu, ont été motivées par une simple raison d'économie immédiate, c'est certain (économie cependant bien plus apparente que réelle ; car, ainsi que nous le démontrons plus haut, il n'y a qu'une restitution de droits de douanes qui auraient été perçus, et ne l'ont pas été par le fait de la commande à l'étranger). Mais les étrangers ne sont pas obligés de savoir que cela a été l'unique cause. En voyant combien officiellement on paraît prendre des mesures pour protéger efficacement nos chantiers et assurer leur prospérité, ils sont même obligés de croire que ce ne peut être là la vraie raison et ils sont forcés d'en chercher une autre.

Avec la jalousie dont nous sommes partout l'objet, avec la nécessité où l'on se trouve aujourd'hui par suite de la concurrence de couler (!) de son mieux ses concurrents, la soi-disant véritable raison est vite trouvée. « Si le gouvernement français est obligé de délaisser ses chantiers nationaux pour s'adresser aux chantiers étrangers, dit-on, c'est que la construction française est absolument inférieure à tous points de vue à celle des nations voisines. » C'est vite dit et comme l'on paraît s'appuyer sur le témoignage du gouvernement français lui-même, cela ne peut que produire l'effet qu'on en espère.

Cette opinion, si elle venait à s'accréditer d'une façon sérieuse, ne peut qu'avoir les conséquences les plus déplorables. Les chantiers français construisent beaucoup pour l'étranger, pour la Russie notamment. Pour avoir ces commandes nos constructeurs ont à lutter contre leurs adversaires, Anglais et Hollandais : que l'on réfléchisse un instant et on verra combien cette lutte sera encore plus pénible, lorsque leurs concurrents pourront venir faire leurs offres de service en s'intitulant sans qu'on puisse les contredire : « fournisseurs du gouvernement français » et pourront ajouter : comment pouvez-vous commander quoi que ce soit aux chantiers français ? Voyez, ils sont tellement incapables de bien faire que, quand une grande administration de leur pays a besoin d'un bâtiment, elle s'adresse à nous.

IV

Il n'est donc pas douteux que la prime est due à tous les bâtiments de mer commandés par l'État et les grandes administrations publiques.

La loi, la justice, la logique le veulent ainsi.

Mais, quand bien même le cas serait douteux l'intérêt de l'État et celui de la prospérité nationale exigeraient que l'on fasse pencher la balance du côté du constructeur.

L'argument tiré de l'intérêt de l'État a joué un certain rôle dans la discussion de la loi protectrice et sûrement il a pesé d'un certain poids dans l'adoption de la loi. Je ne veux pas répéter ce que l'on a dit à ce sujet, je me contenterai de l'indiquer rapidement :

Les rédacteurs de l'exposé des motifs de 1893 l'ont esquissé lorsqu'ils ont dit : « qu'il y a grand intérêt à la conservation en France des chantiers de constructions navales au point de vue du concours qu'ils peuvent apporter à la production et à la réparation de nos bâtiments de guerre ».

Il n'y a qu'à se rappeler 1870 et le rôle qu'ont joué les quelques chantiers alors existants dans la continuation de cette guerre malheureuse. Sans exagération on peut dire que leur action serait actuellement décuplée.

Personne n'ignore, qu'en cas de guerre maritime surtout, nous ne pouvons compter que sur nos propres ressources et que sûrement avec les moyens de destruction actuels, les chantiers des arsenaux de l'État ne suffiraient pas à réparer les navires endommagés et à refaire ceux qui seraient totalement détruits. Il n'y a qu'à voir ce qui s'est passé pendant la guerre hispano-américaine. Si par malheur nous devions être tributaires de l'étranger, ce serait notre perte.

Il ne faut pas non plus songer à créer des ateliers à ce moment-là. Ces ateliers ne seraient rien sans de bons ouvriers. Les bons ouvriers ne s'improvisent pas. C'est le rôle des chantiers privés de les former et de les tenir prêts à toutes les éventualités. Mais pour les former il faut avoir du travail longtemps assuré.

L'intérêt des finances, lui-même, exige que la prime soit donnée dans tous les cas et que l'on retienne en France le plus de constructions possible. L'économie politique depuis longtemps a établi cette règle que plus il y a de travail dans une branche de l'industrie, plus l'outillage de cette industrie se perfectionne et s'agrandit, que plus l'outillage est perfectionné, plus vite le travail se fait et que plus vite il se fait, meilleur marché devient le produit fabriqué. Ce qui revient à dire, sans paradoxe, que par une production large et bien entendue au début, on pourrait amener l'industrie des constructions navales à se suffire à elle-même et, sinon à se passer de toute prime, du moins à se contenter d'une prime bien moindre que celle qu'on lui donne actuellement.

En permettant que, par suite du refus de donner la prime, des constructions françaises s'en aillent à l'étranger, on porte un grave préjudice à la prospérité générale et plus spécialement aux intérêts de la classe ouvrière. Les constructeurs ont d'autant plus raison de plaider leur cause qu'en résumé leur intérêt privé est lié au bien-être général.

La prime n'est en réalité qu'une restitution de droits d'entrée. L'État ne débourse rien.

Mais quand bien même ce serait une prime dans le vrai sens du mot, quand bien même elle sortirait réellement des caisses de l'État, ce ne serait pas une raison pour faire construire à l'étranger. Lorsque l'État paie une somme pour un travail fait à l'étranger, cette somme est tout entière perdue pour le pays qui n'en garde aucune partie. Lorsque l'État, au contraire, paie une somme même plus forte pour un travail fait dans le pays, il y a bénéfice pour tous, la plus grande partie de l'argent dépensé reste en France : il s'en va aux ouvriers, et par eux à une foule d'autres industriels (logement, alimentation, vêtements, etc.), il s'en va aux industries annexes à celles des constructions navales et par suite à d'autres ouvriers, cela comme une chaîne sans fin. L'État lui-même rattrape rapidement sa prime sous forme d'impôts indirects et de taxes. On a fait le calcul qu'un homme occupé lui rapporte en moyenne 0 fr. 55 par jour.

Toutes les industries se tiennent en France; si l'une chôme, l'autre chôme à la suite, et la richesse du pays est très gravement atteinte.

Voilà pour les commandes faites à l'étranger. Si l'on empêche des commandes de venir en France le mal est bien pire. Ce sont alors des millions qui sans contre partie seraient rentrés chez nous et y seraient restés, qui n'y viennent pas. Quel bien-être ces salaires qui ne seront jamais distribués auraient apporté à l'ouvrier ! Quelle perte sèche pour les industries annexes !

Il y a encore l'intérêt des villes dans lesquelles sont établis des chantiers de constructions navales. Il est facile de se rendre compte, par ce qui vient d'être dit des profits qui résultent pour elles des salaires distribués aux ouvriers et du mouvement commercial auquel ces salaires donnent lieu, sans parler des industries nouvelles que la présence des chantiers peut inviter à venir s'établir dans la ville. C'est une bonne aubaine pour le commerce local et une ressource non à dédaigner pour le budget communal sous forme d'augmentation de droits d'octroi ou autres taxes similaires.

CONCLUSION.

En résumé il faut que la circulaire du 17 octobre 1895 soit rapportée

Octobre-Novembre 1900.

PARIS. — IMPRIMERIES CERF, 12, RUE SAINTE-ANNE.